팔만대장경

누구나 다 알지만
잘 안읽은 이야기

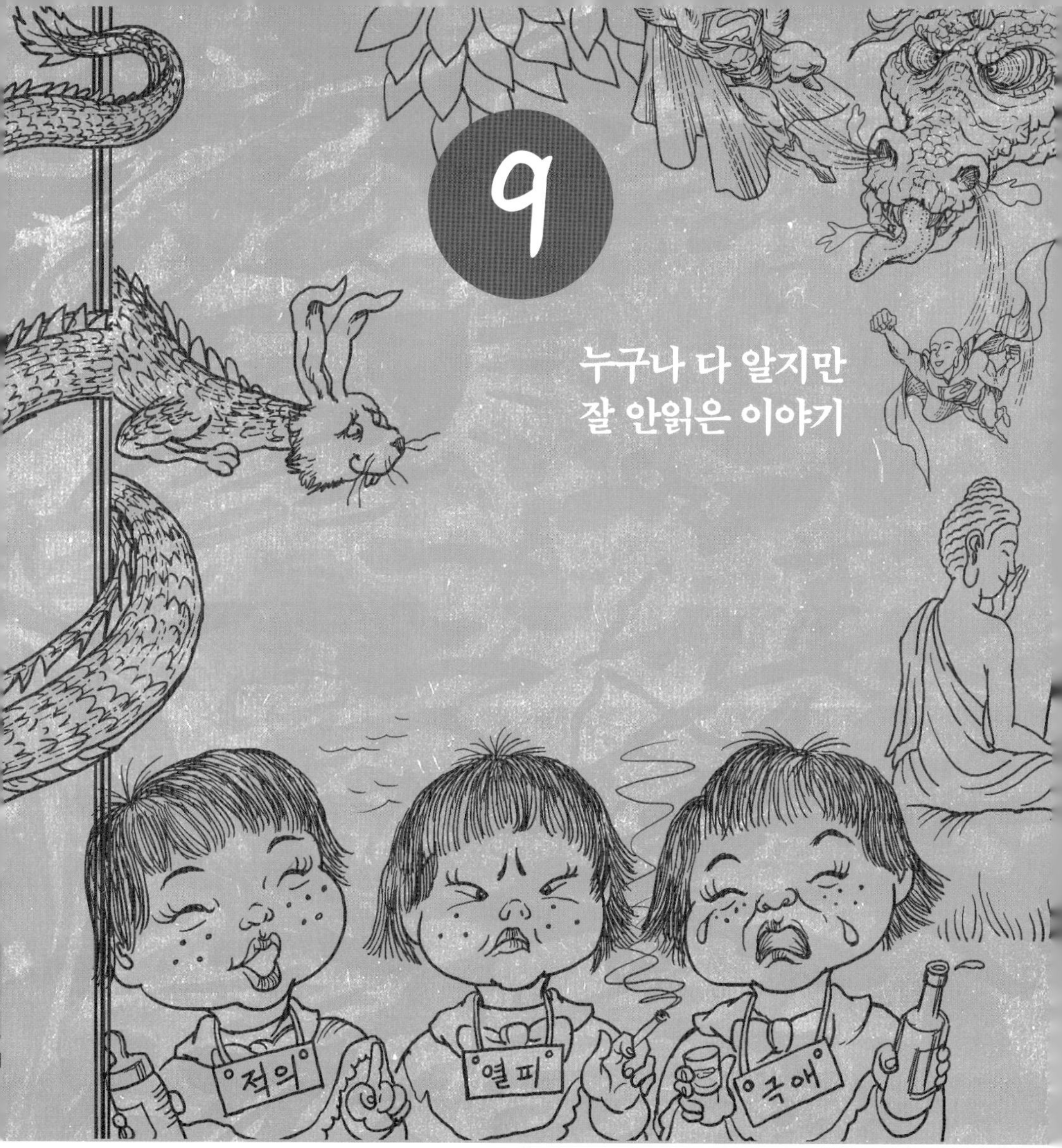

9

누구나 다 알지만
잘 안읽은 이야기

팔만대장경

말씀한 이: 부처님
엮은이: 신현득
그림그린이: 송교성

 솔바람

차례

3 욕심이 적으니, 왕좌가 돌아와

팔만대장경은 이야기의 산이지요

국보 32호 팔만대장경은, 나라의 보물입니다. 유네스코에서 세계 기록유산으로 지정한 세계의 보물이기도 합니다.

해인사 대장경은 고려 고종 임금 때 몽고가 침입하자, 부처님 힘을 빌어 나라를 지키기 위해서 1237년부터 16년 동안에 이룩한 것입니다. 호국정신에서 이룬 국가사업이었습니다.

그것은 우리 조상님들이 부처님 말씀 모두를 한 자씩 나무에 새겨서 만든, 8만 1천 258매의 경판입니다.

우리 조상님들은 이 한 자, 한 자를 새기면서 외적이 물러나서 나라에 평화가 오기를, 국민 모두 잘 살게 되기를, 후손이 잘되기를 빌었다 합니다. 팔만대장경은 우리 조상님들이 쌓은 정성더미입니다.

여기에 새겨진 부처님의 가르침은 아주 알기 쉬운 것입니다. 지키기도 쉬운 것이지요. 그 말씀을 다음 몇 마디로 간추릴 수 있습니다.

—착한 일을 하라. 착한 일을 하면 복이 온다. 나쁜 일을 하지 말라. 나쁜 일을 하면 화를 만난다.

이 가르침은, 착한 일을 한 만큼 복이 오니 착한 일을 많이 하라는 가르침입니다. 이것은 하나의 과학이지요. 나쁜 일을 한 사람에게 복이 오는 일은 절대 없으니까요. 부처님의 말씀 전체가 '복 짓는 방법 배우기'입니다.

인류의 스승이신 부처님은, 지구촌 모두가 그 가르침을 실천해서 복받기를 바라셨습니다. 그래서 더 쉽게 부처님 공부를 할 수 있도록, 재미있는 이야기를 곁들이셨어요. 이것이 '불교 설화', '불교 동화'입니다.

부처님이 들려주신 이야기는 많고 많아서 몇 편이 되는지는 아직까지 밝혀내지 못하고 있습니다. 간단히 '이야기의 산'이라 하면 될 것입니다. 팔만대장경은 복 짓는 이야기의 산입니다.

그래서 지구촌 사람들은 부처님을 세계 최초의 이야기 할아버지로 부르게 되었고, 부처님 말씀인 팔만대장경이 세계 아동문학의 보배 창고인 걸 알게 되었습니다.

부처님은 "나는 수많은 전세상에서 복을 지어 부처가 되었다." 하고, 전생 이야기를 많이 하셨는데 이를 '본생담'이라 합니다.

부처님은 전생에, 착한 코끼리의 왕, 착한 원숭이의 왕, 착한 사슴의 왕, 착한 토끼의 왕, 착한 공작새의 왕, 착한 물고기의 왕으로 있으면서 착한 일로 공덕을 쌓아 부처님이 되셨습니다.

본생담 547개 이야기를 하나로 엮은 '본생경'이 이루어진 것은, 기원전 4세기였습니다. '세계 아동문학사'에서 본생경을 세계 최초의 동화집으로 기록하고 있습니다. 이 이야기를 모두 부처님이 하셨으니 부처님은 세계 최초의 동화작가셨습니다.

부처님이 들려주신 이야기 산의 일부인 본생경을 '자타카'라고도 하는데, 자타카가 유럽에 전해져서 이솝이야기의 일부가 되었다는 것은 퍽이나 흥미 있는 사실입니다. 몇 가지 이야기만 찾아볼까요?

대머리에 붙은 파리를 잡기 위해 몽둥이로 사람을 다치게 한 본생경 44번째 「모기의 전생이야기」가 이솝이야기의 「대머리 남자와 파리」가 되었습니다.

본생경 189번째 「사자 가죽을 쓴 나귀」가 같은 제목의 이솝이야기 「사자 가죽을 쓴 나귀」가 되었지요. 사람들이 사자 가죽을 쓴 나귀를 사자로 알고 있었는데, 그 나귀가 나귀 울음소리를 냈다가 본색이 드러난 이야기입니다.

암코양이가 나뭇가지에 앉은 닭을 속여서 잡아먹으려다 실패하는, 본생경 383번째 「닭의 전생이야기」는 이솝이야기 「여우와 닭」이 되었답니다.

이처럼 팔만대장경은 이야기의 산이요, 인류의 보물입니다.

독자들은 이 팔만대장경에서 부처님이 들려주신 복 짓는 여러 지혜를 배우게 될 것입니다.

어른들은 어린이에게, 어린이들은 어른에게 서로 읽어주며 이야기 나누는 책이 되길 바랍니다.

1

개가 된 구두쇠

8만 4천 절을 지은 아쇼카 왕

아쇼카 왕은 나라의 창고를 열어, 은전 96억 냥을 내어다 쌓았습니다. 그러고, 신하들을 불렀습니다.

"내가 거느린 나라가 8만 4천이다. 그 나라에 이 은돈을 고루 나누어서 절을 짓도록 하라! 그 8만 4천 절에 부처님 상을 모시게 하라! 8만 4천 절에 탑도 세우게 하라!"

그러고, 8만 4천의 탑에 부처님의 행적을 글로 새기게 했습니다.

"그 중 한 곳은 내가 짓고 탑도 세울 것이다."

이렇게 말한 아쇼카 대왕은 경치가 좋은 산 하나를 골라 '아쇼카 산'이라 이름지었습니다. 이 아쇼카 산에다 아름답고 우람한 절을 짓고, '아쇼카 왕의 절'이라 부르기로 했습니다.

이 세계적인 공사의 총감독을, 건축 기술이 뛰어나고 신통력을 지닌 인타굴다 아라한에게 맡겼습니다.

― 뚝딱뚝딱, 스윽스윽······.

수미산 남쪽 세상, 염부제가 절을 짓는 소리, 탑 쌓는 소리로 요란해졌습니다. 돌을 깨고 돌을 다듬는 소리, 나무를 자르고 나무를 다듬는 소리였습니다. 한 편에서는 불상을 조성했습니다.

― 어여엉차 영차영차!

기둥을 세우고, 벽을 쌓고, 탑돌을 들어 옮기는 소리들이었습니다.

신통력을 지닌 총감독 인타굴다 아라한은 신통력을 지닌 부하들을 거느리고, 8만 4천 공사장을 뛰어다녔습니다.

공사는 3년 만에 끝났습니다. 8만 4천의 절과 8만 4천의 탑을 이룩했습니다. 절마다 부처님 상을 모셨습니다. 부처님 모습을 아는 사람이 많

앉기 때문에 절마다 모습이 똑같은 부처님 상을 모실 수 있었습니다. 참으로 큰 일을 이룩한 것이었습니다.

아쇼카 왕은 온 나라에 명령을 내려 8만 4천의 절에서 같은 날, 같은 시간에 축하의 불사를 열기로 했습니다. 절에 모인 모든 사람들은 5계를 받고 부처님께 귀의하기로 했습니다.

8만 4천의 절에서 큰 북을 차려놓고, 같은 시간에 축하의 북을 "둥둥둥!" 울렸습니다. 수미산이 꿈틀, 진동을 했지요.

(『한글대장경 95권』 선견률비바사 제1권 아육왕품)

5계를 받은 식인귀의 왕

식인귀의 왕, 산지가 사위나라 마을에 나타났습니다. 어른들이 모두 들에 나가고 골목에서 아기 혼자 소꿉놀이를 하고 있었습니다.

아기가 바라보니 일곱 얼굴을 가진 괴물이었습니다. 열네 개의 눈에서 파란 불빛이 쏟아지고 있었습니다. 아버지께 들은 귀신 산지였습니다. 아기는 놀라지 않았습니다.

"나무 삼보를 염하면 아무리 무서운 괴물이라도 물리칠 수 있다. 나무불! 나무법! 나무승!"

나무 삼보의 힘에 식인귀는 아기에게 손을 댈 수가 없었습니다.

"꼬마 하나가 식인귀의 위험에 놓여 있구나. 가봐야겠다!"

부처님 말씀에 아난존자도 일어섰습니다. 금강신이 손에 금강 방망이를 들고, 부처님을 따라 나섰습니다.

부처님은 일행을 이끌고 허공을 날아서 금방 사위나라 마을에 이르렀습니다. 아기는 그대로 식인귀와 버티고 있었습니다.

"무섭지 않았니? 놀라지 않았니? 장하구나!"

하고 부처님이 먼저 아기를 구해서, 아난존자에게 맡기셨습니다.

식인귀의 왕 산지는, 돌아서서 열두 길이나 되는 큰 바위를 들어 부처님 일행에게 던졌습니다. 그 바위가 인자한 화불이 되어 부처님 곁에 섰습니다.

산지는, 요술로 우박이 쏟아지게 했습니다. 떨어지는 우박은 낱낱이 화불이 되었습니다.

그때에 금강신이 금강방망이를 들어 치니 아득하게 높은 철산이 나타나 귀신의 왕을 여러 겹으로 둘러싸고 말았습니다.

이제 식인귀가 살아날 수 있는방법은 자기도 '나무삼보'를 염하는 수밖에 없었습니다. 산지는 부처님 쪽을 향해 합장을 하고 구원을 청했습니다.

"나무불! 나무법! 나무승!"

그러자 몇 겹으로 둘러쌌던 철의 산이 사라졌습니다. 부처님은 귀신의 왕 머리를 쓰다듬으며 말씀하셨습니다.

"생명을 죽이지 말라. 5계를 받아 지녀라. 5계만 잘 지켜도 괴물의 몸을 벗을 수 있다!"

"예, 부처님 말씀을 지키겠습니다."

식인귀의 왕 산지는 기뻐하며, 5계를 받아 지녔습니다.

(『한글대장경 72권』 관불삼매경 제7권 관사위의품)

가난뱅이 할머니의 등불 하나

마갈타 나라 아사세 왕이 궁문에서 기원정사에까지 등불을 달기로 했습니다.

"등을 달려면 많은 기름이 필요하겠구나."

아사세 왕이 삼씨기름 여러 섬과 1만 등을 준비하게 했습니다.

가난한 할머니 한 사람이 있었습니다. 할머니는 자기도 등불 하나를 켜야겠다는 생각으로, 두 푼을 들고 기름가게로 갔습니다.

"부처님 만나기는 1백 겁에 한 번이라는데, 부처님 세상을 만났으니 얼마나 행운입니까? 나도 등불 하나를 밝히고 싶은데, 돈이 이것뿐이네요."

할머니는 두 푼을 내밀었습니다. 기름가게 주인은 두 푼을 받고, 다섯 푼어치 기름을 주었습니다. 그러나 넉넉하고 많은 기름은 아니었습니다.

가난한 할머니는 부처님 가까이에 가서 등불을 밝히고 소원을 빌었습니다.

"부처님, 저는 늙고 가난한 우바이입니다. 오늘 밝힌 저의 등불은 기름이 적어서 하룻밤을 견디지 못할 거예요. 더 오래 켜지게 해주세요."

왕궁에서 기원정사까지에 이르는 길에 불이 켜지자 길이 환하게 밝아졌습니다. 사람들이 나와서 찬란한 밤경치를 구경하고 돌아갔습니다.

밤이 오래 되자, 왕이 내다 건 등은 기름이 다해서 꺼진 것이 있었지만, 가난한 우바이 할머니의 등은 한결같이 불이 켜져 있었습니다. 할머니는 밤새도록 등을 지키며 손을 모으고 있었습니다.

아침이 되자, 존자 목건련이 나와서 등불을 끄기 시작했습니다. 그런데, 다른 등은 다 꺼졌으나 우바이 할머니의 등은 꺼지지 않았습니다.

불이 꺼지기는커녕 더 밝아질 뿐이었습니다.

신통력으로 센 바람을 만들어 불어대었더니 등불은 위로 범천에서
부터 삼천대천세계를 두루 비추는 것이었습니다. 목건련이 부처님께
달려갔습니다.

"부처님, 저의 신통력으로도 우바이의 등 하나만은 끌 수가 없습니다."

"두어라. 그것은 내세 부처님의 공덕 광명이다. 너의 힘으로는 끄지
못한다. 그 우바이는 30겁 후에 부처를 이루고 수미등광여래라 불릴 것
이다."

부처님이 내린 수기였습니다.

(『한글대장경 66권』 아사세 왕수결경)

목련과 사리불의 신통력

아난존자가 부처님 수제자 몇 사람에게 신통력에 대해서 물었습니다.

"신통력은 중생을 건지는 목적에만 써야 할 것입니다. 존자님들이 어떤 신통력을 지니셨나요?"

신통제일 목건련존자가 삼매에서 깨어나면서 먼저 나섰습니다.

"나의 신통력에 대해서 말하지요. 나는 기억합니다. 어느 생, 어느 부처님 때에 사자같은 목소리로 부처님께 여쭙고, 신통력을 보여드린 일이 있지요."

존자 목건련은 하나의 대천세계를 들어, 자기 입안에 넣어 버렸다고 했습니다.

"그 큰 세계를 입에 넣고도 나는 조금도 부담을 느끼지 않았지요. 대천세계의 사람들도 목건련의 입안에 있다는 걸 몰랐어요. 농부들은 농사를 잘 짓고 곡식이 잘들 자랐습니다. 숲과 과일이 잘 자랐지요."

존자 목건련이 말을 이었습니다.

"입안에 수미산을 넣고 1겁을 견디기도 했지요. 그러나 수미산의 중생 누구나 자기가 목건련의 입안에 있다는 걸 느끼지 못했지요. 아기들은 잘 크고, 아기 코끼리도, 망아지도, 송아지도 그 세계에서 잘 자랐습니다."

목건련의 신통력은 참으로 놀라운 것이었습니다.

그러자, 지혜제일 사리불존자가 말했습니다.

"내가 가진 것이 지혜뿐만 아니지요. 나는 기억합니다. 어느 생 어느 부처님 때에 그 부처님 앞에서 사자같은 목소리로 여쭙고 신통력을 보여드린 일이 있지요."

존자 사리불은 입었던 가사를 벗어서 땅에 두고 신통력으로 무게를 곁들였다 합니다. 그리고 힘센 사람은 이 가사를 들어보라 했지요.

그러나 아무도 그 가사 하나를 들지 못했습니다.

"영차영차!"

끌어보았지만 가사는 꿈쩍을 않았습니다. 사리불이 말했습니다.

"수미산을 들어 입안에 넣었다는 저 목건련존자의 신통력으로도 그 가벼워 보이는 법복 하나를 들지 못했지요."

존자 목건련이, 그때 그런 일이 정말로 있었다며 벙긋 웃었습니다.

사리불의 신통력도 놀라운 것이었습니다.

(『한글대장경 196권』 사휘부2)

17

개가 된 구두쇠

두조라는 사람은 구두쇠에다, 화를 잘 내는 성질이었습니다. 금은보화를 자식도 모르게 땅에다 감추어 두었습니다. 이것을 지키기 위해 목숨을 마친 뒤, 자기 집 개로 태어났습니다. 개 이름은 '노'였습니다.

아들인 곡이 집을 나간 사이에 부처님이 대문 앞을 지나셨습니다. 노는 부처님인 줄 알면서 큰 소리로 짖었습니다. 부처님이 노를 보고 꾸짖었습니다.

"네가 사람으로 있을 때도 언제나 주먹을 휘두르며 화를 내고 소리치더니, 지금 개가 되어서도 짖어대는구나. 부끄러운 걸 알아야지!"

노는 부처님 꾸중을 듣고 부끄러워하며, 평상 밑에 들어가 눈물을 흘렸습니다. 밥을 먹지 않고 평상 밑에 엎드려만 있었습니다.

"노가 왜 저럴까? 무슨 일이 있었소?"

귀가한 곡이 부인에게 물어보니 노가 어떤 스님을 보고 몹시 짖어대니 스님이 개를 보고 꾸짖더라는 이야기를 해 주었습니다. 곡은 부처님이 틀림없다는 생각을 하고, 부처님을 찾아갔습니다. 부처님이 개를 꾸짖은 연유를 일러주셨습니다. 곡은 부처님께 여쭈었습니다.

"저 개가 저와는 어떤 관계입니까?"

"물을 것 없네. 젊은이가 알면 퍽 불쾌할 걸세."

"괜찮으니 말씀해 주십시오."

곡이 간청하므로 부처님은 노에 대해서 이야기하셨습니다.

"그 개는 젊은이의 아버지일세. 궁금한 데가 있거든 노에게 직접 물어보게. 그 개는 사람의 말을 하지는 못해도 잘 알아듣네."

곡은 집으로 돌아가 개를 시험해 보았습니다.

"노야, 네가 아버지의 후신이라면, 가졌던 보물을 어디다 숨겼지?"

개는 입으로 평상 오른쪽 다리 밑을 가리키면서 두 앞발로 땅을 긁어 보였습니다. 그곳을 깊이 파보니 금은 보배가 여러 무더기 나왔습니다.

곡은 곧 부처님께로 달려갔습니다. 부처님께 예배하고 아뢰었습니다.

"부처님, 정말로 부처님 말씀과 같았습니다."

(아함부 불설두조경)

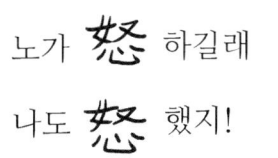

예쁜이 바타 비구니의 전생

부처님 제자, 5백 비구니 중에서도 예쁘기로 이름난 바타 비구니는 미인이 되기 위해 오래도록 세상에서 공덕을 쌓았습니다.

91겁 전 과거제1불 비바시(毘婆尸) 부처님 시대에 얼굴이 단정한 동자가 있었는데, 이름을 범천(梵天)이라 했습니다. 바타의 전신이었습니다.

잘 차린 범천이 보배 일산을 쓰고 길을 걷는데 사람들이 잘생긴 자기에게

눈길을 보내지 않고, 뒤따라오는 여자에게만 예쁘다는 칭찬을 했습니다.

범천은 성 밖을 나가 비바시부처님께 부탁했습니다.

"부처님, 남자는 아무리 잘 생겨도 남의 관심을 끌지 못합니다. 다음 세상 저는 여자로 태어나고 싶어요. 제 소원 들어주시는 거죠?"

이렇게 소원을 빌고 범천은, 이렛낮, 이렛밤을 비바시부처님께 공양을 올렸습니다. 그 공덕으로 총각 범천은 삼십삼천에 예쁜 처녀로 태어났습니다. 범천의 후신 바타는 가는 세상마다 공덕을 쌓아, 미인으로 태어났습니다.

과거제3불 비사부(毘舍浮) 부처님 시대가 지나자 벽지불 시대가 되었습니다. 이 시대에 와서 바타는 공덕을 쌓지 않아, 바라나시 월광(月光) 장자의 노예가 되었습니다. 얼굴이 아주 못난이였습니다. 장자의 부인이 못난이에게 말했습니다.

"스님께 공양을 올려야겠다. 밖에 나가서 잘생긴 스님 한 분을 모시고 오너라."

못난이가 나가서 찾아보니 아주 못생기고 추한 스님 한 분밖에 없었습니다. 그 스님을 모시고 왔지만 장자의 부인은 추악하다며 공양을 올리지 않았습니다.

노예 못난이가 상전에게 여쭈었습니다.

"그러면 제가 먹을 밥을 올려도 될까요?"

못난이는 자기가 먹을 음식을 스님께 드렸습니다. 스님은 그 밥을 받아 맛있게 먹고는 허공을 걷기도, 눕기도 하며 열여덟 가지 신통력을 보였습니다. 추악해 보이던 스님은 벽지불이었습니다.

그러던 벽지불은 바루를 손에 받쳐 든 채 허공을 타고 바라나시성을 세 바퀴 돌더니. 휙 날아가 버렸습니다.

못난이 노예는 허공을 날아가는 벽지불에게 소원을 빌었습니다.

"부처님, 제가 태어나는 세상마다 예쁜 여자가 되게 해주세요."

추악한 스님이 벽지불이라는 걸 안 장자의 부인이 못난이를 달래었습니다.

"벽지불에게 공양한 네 공덕을 내게 다오. 내가 이틀 치 밥값을 주마."

못난이 노예가 말했습니다.

"공덕을 바꿀 수는 없습니다."

천 냥의 금을 주겠다 해도, 공덕을 바꿀 수는 없다고 했습니다.

노예의 신분을 면하게 해주겠다고 했지만, 구태여 신분을 높이고 싶지는 않다고 했습니다.

"그렇다면 매로 다스릴 수밖에 없구나. 네 공덕을 나에게 주겠다는 말이 나올 때까지 때리겠다."

부인은 매질을 시작했습니다.

이때에 월광장자가 집으로 돌아왔습니다.

"이 종년이 공덕을 바꾸자 해도 말을 듣지 않아요."

이야기를 들은 월광장자는 기뻐하며 아내와 노예의 지위를 바꾸었습니다. 아내를 노예로, 못난이를 아내로 삼아버렸습니다.

바타는 다시 여러 세상을 예쁜 여자로 지내다가 석가모니부처님 세상에 와서 예쁘기로 이름난 비구니 스님이 되었답니다.

(『한글대장경 제8-2권』 증일아함경 제50권 대애도열반품)

괴물 비마질다라

나라마다 싸움 귀신 아수라라는 괴물 왕이 있습니다.

그러한 아수라의 왕 중에서 우두머리 왕이 비마질다라입니다. 그는 그의 어머니가 임신한 지 8천 년 만에 태어난 괴물이었습니다.

머리가 아홉에 천 개의 눈이 있었습니다. 손이 999개였습니다. 놀라운 괴물입니다.

다리는 여덟이었습니다. 입으로 불을 토하고 있었습니다. 불을 토해 가며 싸우기 때문에 부처님 힘을 빌리지 않고는 괴물 비마질다라를 당해낼 수 없다고들 합니다. 이 괴물은 진흙과 연뿌리만 먹고 삽니다.

그런데 비마질다라의 어머니도 머리 아홉에 천 개의 눈, 손이 999개, 다리 여덟인 여자 괴물입니다.

어느 날 아들 괴물이 어머니 괴물에게 말했습니다.

"결혼을 하고 싶은데요, 상대가 예뻤으면 좋겠어요."

그 말을 들은 어머니가 괴로워하며 말했습니다.

신랑 비마질다라군은 신부 건달바양을 맞아 비가 오나 눈이 오나 바람이 부나……
(솔직히 이 결혼은 반댈세!)

"이 어미가 괴물이니, 너도 괴물로 태어났구나, 누가 괴물한테 시집오려 하겠니?"

어미는 음악의 신 건달바 왕의 딸이 예쁘고, 살결이 백옥같다며 헛일 삼아 이야기해 보겠다고 했습니다. 건달바의 딸은 음악신의 공주답게, 몸에 있는 털구멍마다 음악이 흘러나온다고 했습니다.

어머니 괴물이 건달바 왕을 만났습니다.

"우리 아들 비마질다라를 잘 아시지요? 모습은 나를 닮았지만 아수라왕 중의 왕이지요. 대왕의 공주에게 청혼을 하려고 왔습니다."

이렇게 말을 시작한 것이 뜻밖에도 혼인이 이루어졌습니다. 참으로 다행이었습니다.

8천 년 뒤에 건달바의 공주는 딸 하나를 낳았습니다. 다행히 아비를 닮지 않고 어미만 닮아서 예쁘기가 천하제일이었습니다. 잘생긴 모습을 다 셀 수가 없어서 앞모습이 8만 4천 가지로 잘 생기고, 뒷모습, 왼쪽 모습, 오른쪽 모습도 8만 4천 가지로 잘생겼다고들 했습니다.

"별 가운데에 환한 달 같구나. 참으로 잘 생겼다. 내 딸."

하며 괴물 비마질다라가 좋아했습니다.

(『한글대장경 72권 경집부11』 관불삼매해경 육비품)

괴물집단 악마의 군사

크게 패한 마왕 파순은 할 수 없이 수만 명 악마의 군사로 보리수 아래를 공격하기로 했습니다. 마군의 꼴은 참으로 볼만했습니다.

머리는 없고 몸뚱이만 있는 놈. 반쪽 얼굴에 반쪽 몸을 가진 놈. 머리가 두 개, 세 개 있는 놈. 눈이 세 개, 네 개 있는 놈. 입으로 검은 연기와 불을 뿜는 놈…… 악마의 군사는 모두가 괴물이었습니다.

싯다르타는 말없이 작은 호로병 하나를 앞에 내놓았습니다. 이걸 넘어뜨려보라는 것이었습니다. 마군이 호로병에 밧줄을 걸고 수만명이 달려들어 당겼습니다. 병은 끄떡도 하지 않았습니다.

"그만둬라, 총공격이다!"

파순이 소리치자, 악마의 군사는 칼과 창과 활을 들었습니다. 호로병 하나도 쓰러뜨리지 못하는 무리들이 창과 칼로는 이길 수 있을까요?

쑹- 쑹- 화살이 날고, 창과 칼이 왕자를 향해 날았습니다.

그런데, 화살과 창과 칼이 모두 예쁜 연꽃송이로 바뀌어 땅으로 떨어지는 거였습니다. 악마의 군사는 여지없이 깨지고 말았습니다.

"왕자님. 잘못했습니다. 항복이에요."

파순이 악마의 궁전으로 달아나고, 악마의 군사도 사라졌습니다.

새벽별이 반짝이고 있었습니다. 싯다르타는 마침내 부처를 이루셨습니다.

아, 부처님!

(『한글대장경 제2-2권』별역 잡아함경)

2

나누지 않는 것도 욕심 때문

나누지 않는 것도 욕심 때문

　간다라의 왕이 왕위를 버리고 히말라야산으로 가서 수행자가 되었습니다. 그러자 이웃나라 비제하의 왕이

　"나도 수도승이 되겠다."

하고 히말라야의 수행자가 되었습니다. 두 임금은 한 곳에서 만나 수도를 하였지만 서로 출가 이전의 신분을 알지 못했습니다.

　비제하 왕이 먼저 수도승이 된 간다라 왕을 스승으로 모시고 있었습니다. 둘은 어느 보름날 밤 나무 밑에 앉아서 법담을 나누고 있었습니다.

　그때 갑자기 어둠의 신인 라후가 달을 덮었습니다. 월식이 된 것입니다. 비제하 도사가 간다라 도사에게

　"스승님, 누가 달을 덮어 빛을 잃게 했습니까?"

하고 물었습니다.

　"아우님, 저 어둠의 신 라후야말로 달을 더럽혀 빛나지 못하게 하는 자요. 나는 그것을 보고 깨끗한 달처럼 되기 위해 왕위를 버렸소."

　이 말에 비제하 도사가 놀랐습니다.

　"스승님, 당신은 간다라 국왕이셨군요."

　"그렇소."

　"저도 왕위를 버리고 출가했습니다. 저는 비제하 국왕이었습니다."

　"옳거니!"

　두 도사는 서로 지난 날의 신분을 알고 기뻐했습니다. 둘은 오랫동안 히말라야에 머물다가 소금과 사탕과 식초를 얻기 위해 설산에서 내려와 어떤 국경 마을에 이르렀습니다.

　국경 마을에서 소금과 사탕과 식초를 얻은 두 수행자는 다시 히말라

야로 돌아갔습니다. 그런데 비제하 도사는 얻어 온 것을 가까이 있는 도인들에게 나누어 주지 않았습니다.

"다음에 먹어야지. 이 소금, 이 사탕, 이 식초야말로 히말라야에서는 구하기 힘드는 것이다. 아껴야 해."

하며 도인들에게 나누어 주지 않았습니다. .

이것을 안 간다라 도사가 그를 나무랐습니다.

"도사는 3백 유순의 비제하국과, 1만 6천 마을의 지배권과, 1만 6천의 보물창고, 1만 6천의 무희를 버리고 출가한 사람 아니오? 지금 당신은 소금과 사탕과 식초에 욕심을 일으켰소."

비제하 왕은 이 말을 듣고 크게 뉘우쳤습니다.

(본생경 406번째 이야기)

다이어트에 성공한 뚱보임금

　시위나라 바사닉 왕은 음식을 탐했습니다. 적게 차린 음식은 눈에 차지 않았습니다. 무슨 음식이나 큰 그릇에 수북수북 담아서 수랏상에 차려오게 했습니다.

　이것을 남기지 않고 다 먹었습니다. 나라의 정사를 보는 것보다 먹는 데에 시간을 빼앗겼습니다. 하루 종일 먹었습니다. 그러자 뚱보임금이 되었습니다.

　뚱보임금님, 뚱보임금님!

　좋은 이름이 아니었습니다. 뚱보가 된 것이 고통이었습니다.

　"이건 큰 병이다. 숨이 가쁘구나. 몸을 마음대로 움직일 수도 없어."

　뚱보왕을 걱정하는 신하들이 말했습니다.

　"부처님께 가서 물어보세요. 부처님은 만병을 다스리는 의왕이시니까요."

　제타숲에서 부처님을 만난 왕은 부처님 발 아래에서 세 번 절하고 고민을 털어놓으려 했습니다. 그런데 부처님이 먼저 알고 말씀하셨습니다.

　"음식을 조절해야 합니다. 몸을 많이 움직이세요. 내가 계송(시) 한 수를 외울 테니 이대로만 실천하면 건강해질 것이오."

　사람은 언제나 스스로 생각하여

　음식을 조절해야 하느니

　가뿐한 몸, 편한 몸이면 고통이 없다네.

　음식을 잘 삭이면 수명이 길어지네.

바사닉 왕은 "예 예, 고맙습니다." 하며, 부처님의 게송을 받아 지녔습니다. 왕궁으로 돌아간 왕은 부처님 가르침을 실천하기 위해 신하들의 도움을 얻었습니다. 오대(烏帶)라는 소년과 마납(摩納)이라는 소년에게 부탁했습니다.

"부처님의 게송을 끼니 때마다 내 곁에 와서 외워다오."

몸을 줄이는 일이 어려웠지만 신하들이 끼니 때마다 감시를 하고, 오대와 미납이 와서 부처님 게송을 외웠습니다. 왕의 몸은 살이 빠지고 늘씬해졌습니다. 이제는 뚱보왕이 아닙니다.

(『한글대장경 2-2권』별역잡아함경)

대왕의 지위를 버리고 해골 바루를

불가사 왕은 부처님꽃에 대해서 불같은 호기심이 생겼습니다.

부처님이라는 말만 들어도 마음이 평화로워지는 것이었습니다.

'부처님꽃이라니 놀랍기만 하다. 나는 전생에 부처님을 뵈온 일이 있다. 이 세상에서도 직접 부처님 가르침을 받는 것이 소원 중의 소원이다.'

마침 이 날은 탁실라 왕이 거느리는 아흔아홉 작은 나라 작은 왕들이 모여 탁실라 큰임금에게 충성을 맹세하는 날이었습니다. 그러나 불가사 왕은 몰래 부처님을 찾아 떠나기로 했습니다.

불가사 왕은, 소국의 왕과 신하들과 수레를 끄는 말과 성문지기가 깊이 잠든 밤에, 몰래 혼자 왕궁을 나섰습니다.

준비된 칼로 자기의 머리를 깎고, 수염을 깎았습니다. 전생에 보아둔 스님네 법복 모양을 닮은 누더기 하나를 구해서 입었습니다. 1백 나라를 거느린 불가사 대왕이 비구 스님이 된 것입니다. 묘지에 들어가 해골바가지 하나를 주워 걸식을 하는 바루로 삼았습니다.

여러 날을 걸어서 왕사성 성밖에 이르렀습니다. 날이 저물었습니다. 길가에 옹기그릇을 굽는 옹기막이 있었습니다. 불가사 비구는 옹기막에 들어가 하룻밤 쉬어 가기를 청했습니다.

부처님이 하늘눈으로 불가사 비구를 살피셨습니다. 그런데 불가사 비구의 타고난 목숨이 이틀밖에 남지 않았습니다.

"딱하다. 불가사 비구가 이틀 동안에 공덕을 쌓게 해야겠구나."

부처님이 곧 옹기막으로 모습을 나투셨습니다.

부처님이 풀자리를 같이 깔고 앉아 불가사 비구에게 많은 법문을 들려주셨습니다. 불가사 비구는 부처님을 만나 오체투지를 했습니다. 벌써 그는 훌륭한 도인이 되어 있었습니다. 참으로 기쁜 일이었습니다.

그러나 목숨이 짧았던 그는 이튿날 해골 바루를 들고, 걸식을 하러 성안에 들어갔다가 그만 암소의 뿔에 받쳐 세상을 마쳤습니다.

부처님은 목숨이 짧았던 불가사 비구를 다비해서 탑을 세우게 하셨습니다.

(『한글대장경 66권』 병사왕원경)

마왕의 딸 3형제

싯다르타 왕자는 보리수 아래에서 길상초를 깔고 앉아 금강삼매에 들었습니다.

"이번에도 부처를 이루지 못하면 일어서지 않으리라!"

싯다르타는 굳은 결심을 했습니다. 그러자 싯다르타의 눈썹 사이 흰 터럭(백호)에서 광명이 번어, 욕계육천을 비추었습니다. 욕계육천, 악마의 궁전 기둥뿌리가 마구 흔들렸습니다.

악마의 왕 파순(파피야스)이 크게 놀라 소리쳤습니다.

"세상에서 이런 일은 처음이다. 큰일 났다, 큰일 났다! 고타마 싯다르타가 도를 이룰 징조다. 이걸 막아야 한다!"

싯다르타가 부처를 이루면 선한 사람이 많아져 악마의 나라가 줄어들게 뻔합니다. 어쩌면 파순의 영토가 아주 없어질 수도 있지요.

마왕 파순은 화살 끝으로 땅에 금을 그어가며 궁리를 했습니다. 싯다르타를 이길 궁리였습니다.

파순에게는 딸 세 자매가 있었습니다. 맏딸은 극애(極愛)요, 둘째는 열피(悅彼)요, 셋째는 적의(適意)였습니다. 딸 세 자매는 악마의 공주답지 않게 아주아주 예뻤습니다.

"큰일 났다. 큰일 났다. 얘들아!"

마왕은 셋 딸을 불렀습니다.

"아버지. 왜 그러세요. 싯다르타의 일이라면 저희 세 자매가 맡지요."

마왕의 딸은 한 사람이 6백 여자로 모습을 바꾸었습니다. 1천 8백 여자가 돼, 꾸밀 수 있는 데까지 예쁘게 몸을 꾸미고, 왕자를 에워쌌습니다. 그리고 서른 두 가지 아양을 떨었습니다.

"왕자님. 제발 우리 예쁜 모습을 봐주세요. 무엇이나 시중을 들 테니 시켜주세요."

수미산같은 무게로 앉아 있는 싯다르타의 마음이 움직일까요? 아니죠. 1천 8백 미녀는 금방 호물호물 할머니가 되더니 자취가 없어지고 말았습니다.

악룡의 항복

머리 일곱 개인 악룡, 난다와 우파난다가 스님네를 해치려 했습니다.

목건련이 이 악룡과 싸우겠다며 부처님 허락을 받았습니다.

목건련은 머리 열 넷을 가진 큰 용왕으로 몸을 바꾸고, 수미산을 열 네 번 돈 다음, 악룡의 머리 위 허공에 있었습니다.

두 악룡은 매우 두려워하여 꼬리로 바닷물을 쳐서 그 물보라가 삼십 삼천에까지 올라가 쏟아지게 했습니다. 그래도 목건련에게는 물보라가 오지 않았습니다.

이번에는 용이 된 목건련이 꼬리로 바닷물을 치자, 물보라가 삼십삼 천을 지나 훨씬 높은 범가이천에 가서 쏟아졌습니다. 두 악룡에게도 물 보라가 쏟아져 흠뻑 젖었습니다.

악룡은 곧 번개와 우뢰와 벼락을 쳐서 4주세계에 불꽃을 일으켰습니다.

목건련이 생각했습니다.

"저 악룡이 사주세계에 불을 일으킨 그 위에 또 내가 불을 일으킨다면 사주세계가 불바다가 될 것이다. 나는 몸을 작게 해서 악룡과 싸우리라."

그는 벌레보다 더 작은 몸을 만들어 용의 입으로 들어갔다가 코로 나 오고, 코로 들어갔다가 귀로 나오고, 귀로 들어갔다가 용의 눈으로 나 오고, 용의 눈에서 나와 눈썹 위로 걸어다녔습니다.

악룡난다와 우파난다는 너무 두려워 몸을 덜덜 떨었습니다.

"우리는 완전히 졌다. 불을 완전히 끄고 항복을 하자."

이때에 목건련은 본디 모습으로 돌아왔습니다.

"아, 목건련 사문이시네. 우리를 너무 꾸짖진 마십시오. 복종하겠습 니다."

　목건련존자는 악룡의
항복을 받은 다음 말했습
니다.
　"이 세상에서 가장 존귀하신
분이 계시다. 그분께 귀의하여라.
내가 귀의하는 분이시다. 그러나 그분
앞에 서려면 흉한 용의 몸으로는 안
된다."
　목건련은 두 마리 악룡을 훌륭한 미남
으로 모습을 바꾸었습니다. 그리고 부처님
앞으로 데리고 갔습니다. 두 악룡은 부처님 발에
공손히 예배하고 5계를 받아 행하기로 했습니다.
　　(『한글대장경 제8-1권』 증일아함경 28권 제36 청법품5)

부처님이 몸을 숨기셔

부처님이 생각하셨습니다.

"내가 몸을 숨겨야겠다. 부처가 없으면 얼마나 아쉬운가를 알게 해야지."

부처님이 제자들을 가르치기 위해 방편을 쓰신 거였습니다.

아무에게도 알리지 않고 부처님은, 부처님의 어머니 마야부인이 계시는 도리천(삼십삼천)에 훌쩍 오르셨습니다. 도리천 임금 제석천왕이 여러 하늘 대중을 거느리고 와서 기뻐하며 부처님을 맞았습니다.

도리천 서른 세 궁전 중에서도 가장 큰 궁전이 선법당입니다. 선법당에는 가로 세로가 반 유순 되는 순금의 바위가 있었습니다. 부처님이 이 금바위에 몸을 놓으니, 부처님 몸이 바위 위에 그득해지셨습니다.

그러자, 하늘 사람 무리는 점점 불어나고, 도리천을 해치려 하는 아수라의 무리는 점점 적어졌습니다.

"부처님이 계시니 이처럼 좋은 일이 생기는군."

하고 도리천 사람들이 좋아했습니다.

부처님 어머니 마야부인이 많은 하늘 여인들을 이끌고 와서 아들인 부처님께 예배를 올렸습니다.

"부처님이 도리천까지 오시다니 참으로 다행입니다. 고맙습니다. 부처님."

"어머님. 도리천의 즐거움이 한없이 좋으신지요?"

부처님은 어머니께 안부를 여쭌 다음, 어머니 마야부인과 도리천 대중을 위해 법문을 시작하셨습니다. 즐거움과 기쁨이 샘솟게 하는 법문이었습니다. 부처님이 수미산 남쪽 염부제의 사바세계에서 중생을 이끌고 계시기 때문에 도리천 사람들에겐 참으로 부처님이 아쉬웠던 것입니다.

"부처님이 어디 가셨지?"

부처님을 항상 모셨던 아난다 존자까지 부처님 행방을 모르고 있었습니다.

사위성의 바사닉 (프라세나짓) 왕과 교상미 (코삼비)의 우데나 왕이 부처님을 찾고 있었습니다. 나라의 어려움이 있을 때마다 부처님이 해결사 노릇을 해 주셨던 것입니다. 그러했던 부처님이 안 계시니 견딜 수 없는 일이었습니다.

"부처님 보고 싶어요."

바사닉 왕과 우데나 왕은 부처님이 보고 싶어 눈물을 흘리다가 그만 병이 나고 말았습니다.

우데나 왕의 신하들이 조각가에게 부탁하여 붉은 전단향나무로 부처님 상을 조각했습니다. 불상 조각의 시작이었습니다. 왕은 불상에 예배하고 나서 조금이나마 위안이 되었습니다.

바사닉 왕이 이 소문을 듣고 조각가를 불렀습니다.

"부처님 형상을 만들어 다오."

바사닉 왕은 자마금으로 불상을 만들게 하였습니다. 불상에 예배하고 나니 조금이나마 마음이 안정되었습니다.

아난 존자가 천하제일 아나율 존자를 찾아가 부탁했습니다. 아나율 존자가 하늘눈으로 겨우겨우 부처님을 찾았습니다.

"부처님은 지금 도리천에서 어머님을 위해 설법을 하고 계세요."

"어서 부처님을 모셔옵시다. 이거 견딜 수가 없어요."

의논 끝에 신통제일 목련 존자를 뽑아서 도리천으로 파견했습니다.

목련이 도리천에 가서 부처님 발아래에서 절하고 여쭈었습니다.

"부처님. 돌아오셔야 합니다. 부처님이 안 계셔서 모두 울고 있습니다."

"그렇다면 나는, 이레 뒤에 승가시국 (바라나시) 큰 못가로 돌아가마."

목련은, 팔 한 번 굽혔다 펴는 시간에 허공으로 돌아오며 소리쳤습니다.

"부처님이 오셔요! 맞을 준비를 합시다!"

(『한글대장경 제8-1권』 증일아함경 28권 제36 청법품)

마왕의 귀의

　이름난 바라문 도사들이 부처님 제자가 되겠다며 죽림정사로 모여들고 있었습니다. 이 소식을 듣고, 악마의 왕 파순이 화를 내며 소리를 질렀습니다.

　"이러다간 악마의 나라가 망할까 걱정이다. 고타마의 교단은 커지고 악마의 나라가 찌부러질게 분명해."

　급해진 악마의 왕 파순은 죽림정사로 이어진 길에 수십 길 되는 구덩이를 팠습니다.

　그런데 부처님을 찾아가는 많은 사람들이 깊은 구덩이를 아무렇지 않게 지나가고 있었습니다. 알고 보니 부처님이 신통력으로 구덩이를 판판한 길로 다시 만드신 것이었습니다.

　"고타마가 요술을 부렸군."

아주아주 급해진 파순은 죽림정사로 가는 길 복판에 사람이 넘지 못할 산을 만들었습니다. 바람벽처럼 가파른 몇 십리 높이의 산이었습니다.

그런데도 사람들이 산을 넘어 죽림정사로 가고 있었습니다. 부처님이 신통력으로 산높이를 줄여, 한 치 높이로 만들어 버린 거였습니다.

이번에는 죽림정사로 가는 길에다 수십 마리의 사자를 풀어놓았습니다.

"지나는 사람을 모조리 물어박질러라!"

그런데 부처님의 신통력으로 사자는 순하고 작은 고양이가 되었습니다. 고양이가 된 사자들은 꼬리를 흔들며 죽림정사로 가는 사람들을 반겼습니다.

그때 바라문도사 우바제사와 구율다가 각각 5백 제자를 거느리고 죽림정사로 가고 있었습니다. 고양이가 된 사자들이 부처님 만나러 가는 이들에게 꼬리를 살레살레, 아양을 떨었습니다.

"이거, 부처님께 귀의하는 수밖에 없구나."

파순은 부처님 계시는 곳을 향해 합장을 했습니다. 그러자 자신을 누르던 욕심이 풀리면서 마음이 편안해졌습니다.

"나무불! 나무 불타!"

악마의 왕 파순은 진작 이렇게 할 것을 그랬다는 생각을 했습니다.

(『한글대장경 제57권』 대방등대집경 19권 마조복품)

여자를 남자로 바꾸는 보당다라니

셀 수 없을 만큼 아득한 과거의 세상에 향공덕(香公德) 부처님이 계셨습니다. 향공덕 부처님 세상을 묘향광명(妙香光明)세계라 했습니다.

이 때에 화목(華目)이라는 전륜성 왕이 있었는데 수미산 동서남북 4주 세계가 모두 화목 왕의 국토였습니다. 이처럼 넓은 땅, 많은 나를 가진 전륜성 왕이, 향공덕 부처님으로부터 법문을 듣고나서 생각했습니다.

"전륜성 왕도, 넓은 국토도, 권력도, 재물도 모두 헛것이로군. 오직 해야 할 일 한 가지가 있다. 부처님 도리를 배우는 거다."

전륜성왕 화목은 여러 왕자를 불러 국토를 나누어준 다음, 신하들과 같이 출가를 했습니다. 화목 비구라는 이름을 가진 향공덕 부처님의 수제자가 되었습니다.

향공덕 부처님이 제자들에게 보당다라니를 가르치셨습니다. 지혜를 얻게 되는 다라니입니다. 괴로움을 깨뜨리고 기쁨을 얻게 되는 다라니입니다.

부처님이 말씀하셨습니다.

"보당다라니를 외우고 베껴쓰면 남자 몸을 갖고 싶은 여자가 남자의 몸을 지닐 수도 있다! 여자가 되고 싶은 남자도 몸을 바꿀 수 있지"

이것은 정말정말 놀라운 말씀이었습니다, 여자가 남자로 몸을 바꿀 수도 있다니까요. 향공덕 부처님이 보당다라니를 설하신 다음, 발가락으로 땅을 살짝 누르셨습니다. 그러자 땅이 여섯 가지 소리로 쨍쨍쨍 쨍쨍쨍…… 울렸습니다. 다라니의 위력이 증명된 것입니다.

전날의 화목왕 비가 정성스런 마음으로 보당다라니를 외웠습니다.

"아락시 아락시 목시아례 아라아…… 아락시 아락시 목시아례 아라아……"

그러자 차츰 여자 몸이 남자의 몸으로 바뀌어 갔습니다.

손가락 몇을 셀 동안에 잘난 모습을 갖춘 튼튼한 남자가 되었습니다. 남자가 된 왕비는 부처님께 나아가 계를 받고 스님이 되었습니다. 전날의 전륜성 왕인 화목 비구 옆에 앉았습니다. 이 놀라운 광경을 보고 전날의 많은 궁녀들이 남자로 몸을 바꾸어 비구가 되었습니다. "

화목 비구는 석가모니 부처님의 전신이었대요.

(『한글대장경 제57권』 대방등대집경19권 보당분제2 왕고품)

3

욕심이 적으니, 왕좌가 돌아와

욕심이 적으니, 왕좌가 돌아와

어느 왕이 왕자 여럿을 두었습니다. 교육이 다 끝난 다음 왕자들에게 지방을 한 곳씩 다스리게 했습니다. 막내둥이 왕자 방호가 스승인 대신에게 물었습니다.

"선생님! 부왕께서 저에게 한 지방을 맡긴다 하십니다. 저는 그렇게 많은 땅은 갖고 싶지 않습니다. 조그만 동산 하나만 있으면 될 것 같은데요."

"왕자님 생각이 아주 좋습니다."
스승의 대답이었습니다.

막내둥이 방호 왕자는 공부를 마친 다음 부왕께 나아가 인사를 올렸습니다.

"아바마마 저는 막내둥이예요. 저까지 지방으로 나간다면 누가 아바마마를 모시겠습니까? 저는 아바마마 곁에 있으면서 정사를 도와 드리고 싶습니다. 그 대신 아바마마가 가지신 작은 동산 하나만 제 것으로 주십시오."

왕은 막내의 말이 기특하다고 생각했습니다. 그래서 그의 뜻을 따라 동산 하나를 주었습니다.

그 동산에는 꽃나무도 많고, 과일나무도 많았습니다. 그것으로 백성들에게 베풀기로 했습니다.

막내 왕자 방호는 동산에 있는 꽃으로 동산에 놀러 오는 사람들에게 꽃 목걸이를 만들어 걸어 주었습니다. 동상에 있는 과일나무에서 과일을 따서 나누어 주었습니다. 이리하여 왕자는 그 나라의 서울 사람들과 친해졌습니다.

"맘씨 좋은 왕자님이시군. 저 왕자가 막내둥이라지? 그렇지만 왕자가 왕이 됐으면 좋겠어."

이 나라 서울 사람들은 방호 왕자를 좋아하게 되었습니다.

부왕을 도우면서 궁중의 시종들에게 친절히 대했습니다. 왕궁을 지키는 병사들을 자주 위문했습니다.

왕이 세상 떠날 때가 되었습니다. 대신들이 모여와서 왕에게 여쭈었습니다.

"대왕님! 대왕님 뒤를 어느 왕자가 이으셔야 되겠습니까? 대왕님을 이어 흰 일산을 지닐 왕자를 어느 왕자로 하면 좋겠습니까?"

왕이 말했습니다.

"그 흰 일산에 대해서는 여러 왕자가 같은 권리를 가졌소. 백성들의 의견을 좇아서 결정하시오."

왕이 세상을 떠난 뒤, 대신들은 백성들 여론을 좇아 방호 왕자에게 흰 일산을 안겨주기로 했습니다. 막내가 왕으로 뽑힌 것이었습니다.

그러자, 형들이 반대를 하고 나섰습니다. 형들은 병사를 풀어 왕궁을 둘러쌌습니다. .

방호 왕자는 스승 되는 대신과 의논했습니다. 스승이 말했습니다.

"형제 분 왕자끼리 싸우셔서는 안 됩니다. 부왕께서 남기신 재산을 나누시되 왕이 되실 왕자 것을 적게 하세요. 그리고 증거를 형님들에게 드리세요."

방호 왕자는 곧 재산을 나누고 그 내용을 적은 편지를 썼습니다.

— 이놈 막내동이는 형님들과 싸울 생각이 전혀 없습니다. 이놈이 옥좌에 앉게 된 것은 백성이 시켜서 한 일이오니 이해해 주십시오. 여기에 아바마마의 재산을 형님들께 고루 나누어 드리

면서 내용을 적습니다······

편지를 받은 형들은 크게 감동을 했습니다.

"그런 것이 아니로군. 저 동생이 욕심이 있어서가 아니었어."

맏형인 우포사타 왕자가 여러 동생을 모았습니다.

"저 동생은 결코 우리를 적으로 대하지 않는다. 우리에게 아버지의 재산을 나누어 주고 자기는 적게 가지려고 한다. 우리 여러 형제가 흰 일산 하나를 같이 들 수는 없지 않은가? 저 막내둥이가 덕이 있으니 일산을 주어 왕을 삼도록 하자."

"좋습니다!"

형제들은 군사를 돌려보내고 왕궁으로 들어갔습니다. 그리고 막내동이를 옥좌에 앉히고 그 뒤에 흰 일산을 세운 다음 자기들은 낮은 자리에 앉았습니다.

(본생경 462번째 이야기)

우리가 생각했던 것과는 180도 다른데요.

부처님이라는 꽃

빔비사라 왕의 나라 왕사성 북쪽에, 불가사 왕이 다스리는 탁실라가 있었습니다. 불가사 왕은 작은 나라 아흔 아홉을 거느린 큰 나라 임금이었습니다. 본국을 합쳐 백 나라를 돌보는 큰 임금으로 존경을 받았습니다.

마갈타 빔비사라 왕과 탁실라의 불가사 왕은 한번도 만난 일이 없었지만, 서로 존경하고 친한 사이었습니다.

'우리는 형제처럼 친하다. 신기하고 좋은 선물을 보내고 싶구나.'
하고 빔비사라 왕이 먼저 생각했습니다. 불가사 왕도 같은 생각이었습니다.

'우리 두 왕은 형제처럼 친하다. 신기하고 좋은 선물을 보내고 싶구나.'
두 임금의 생각은 같았지만 선물은 불가사 왕이 먼저였습니다.

불가사 왕의 탁실라 국토에서 황금 연꽃 열 송이가 솟았기 때문이었습니다.

탁실라 왕은 보배 꽃을 보내면서 빔비사라 왕에게 사연을 적었습니다.

— 이곳 탁실라의 왕은 늘 대왕을 존경하고 어떻게 하면 좋은 선물 한 가지를 드릴 수 있을까 하고 있었습니다. 마침 좋은 땅에서 보배 연꽃이 솟았기에 열 송이를 모두 대왕께 보내오니 받아 주십시오.

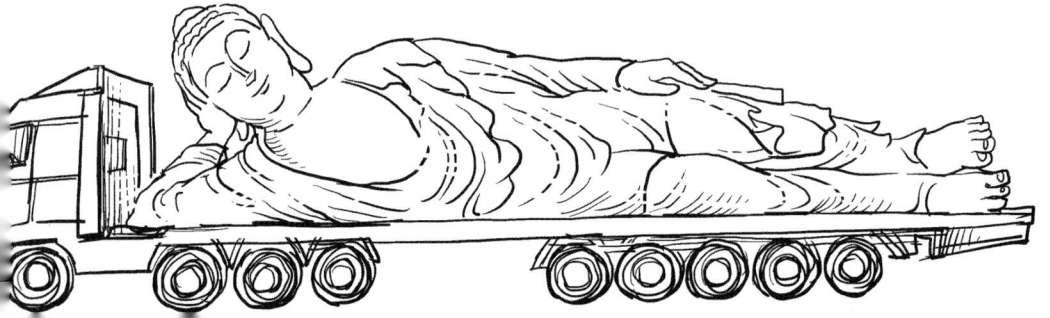

선물을 받은 빔비사라 왕은 매우 기뻐하며 불가사 왕에게 답례를 해야 겠다고 생각했습니다. 그러나 황금연꽃처럼 신기한 보물이 없었습니다. 생각을 한 끝에 자기 나라에서 부처님을 모시고 있다는 자랑을 답장에 적었습니다.

— 대왕이 보내주신 선물은 매우 놀라운 것이었습니다. 그런데 우리나라에는 귀국의 것에 견줄 만한 보물이 없어서 망설이고 있습니다. 나라 안에 금은이 쌓여 있지만 나는 그것을 보물로 여기지는 않습니다. 다만 부처님이라는 꽃을 모시고 있습니다. 몸은 자마금색이요, 서른 두 가지 잘난 모습을 갖추고 계십니다. 꽃이라면 세상에서 이보다 더 보배로운 꽃은 없을 겁니다. 그러나 나라의 스승으로 모시는 꽃이어서 보내드릴 수가 없으니 어쩌죠?

(『한글대장경 66권』 병사왕원경)

새소리를 알아듣는 품팔이

　가난한 품팔이가 있었습니다. 그런데 새나 짐승의 말을 알아듣는 재주를 갖고 있었습니다.

　어느 날 국경이 가까운 마을에서 장사치로 보이는 사람에게 품을 팔게 되었습니다.

　"별로 값나갈 만한 물건은 아니지만 강 건너 우리나라 성안까지 져다 주게."

　장사치가 무거운 봇짐 하나를 내놓았습니다.

　품팔이는 짐을 지고 으슥한 국경지대를 걷고 있었습니다. 장사치가 작은 보자기 하나를 들고 뒤따랐습니다. 금방 산적이라도 나타날 것만 같았습니다. 산을 넘고 산을 넘어 국경의 강에 이르렀습니다.

　"이 강가에서 점심을 먹고 가세."

　품팔이와 장사치는 싸 온 도시락을 풀었습니다.

　그때 까마귀떼가 몰려들며 우짖었습니다.

　"저 품팔이가 지고 가는 것은 순금 백 냥이어요. 까옥 까옥 까옥!"

　"저 장사치의 보자기에는 천 냥짜리 흰구슬이 들었어요. 까옥 까옥 까옥!"

　"탐을 내세요. 가난을 벗을 좋은 기회예요. 까옥 까옥 까옥!"

　품팔이는 까마귀 소리를 알아듣고 빙긋 웃기만 했습니다. 새소리를 알아듣지 못하는 장사치는 무슨 영문인지 모르고 두려움에 떨었습니다.

　강을 건너 자기 나라 성안에 이르자 장사치가 물었습니다.

"아까 까마귀떼가 우짖을 때 왜 웃었는가?"

나는 새의 말을 알아듣습니다. 까마귀떼들이 내가 짊어진 짐이 순금 백 냥이라는 것과 어르신의 보자기 속에 천 금짜리 흰 구슬이 있다는 걸 알려 주었어요. 그래서 웃기만 했지요."

"그것이 탐이 나던가?"

"탐이라니요? 조금도 탐나지 않았어요. 나는 부처님의 도리만 행하는 걸요. 전생에 탐욕을 가졌던 죄로 지금 가난뱅이 품팔이가 됐지요. 다시 남의 것에 탐을 냈다간 큰일 나지요. 죄의 씨앗을 또 심다니요."

그 말을 하면서 품팔이는 또 한 번 방긋 웃었습니다.

(육도집경 계도무극장)

부처님 이상의 지위는 없다

범천왕 브라흐마는 크고 화려한 궁전에다 높은 누각을 짓고, 그 안에서 지냈습니다.

범천앙 브라흐마가 '이 대천세계에서 내가 제일'이라는 생각을 하게 되었습니다.

그러자 왕궁의 기둥이 일시에 기울기 시작했습니다. 땅이 수만 길 깊이로 갈라져 입을 벌리고 있었습니다. 왕궁이 넘어질 징조입니다. 갈라진 땅은 범천왕을 삼켜버릴 지옥 아궁이었습니다.

부처님은 제타숲 기원정사에서 브라흐마의 마음을 읽고 계셨습니다.

'범천왕이 나쁜 인연을 짓고 있군. 큰일이네.'

강론을 하고 계시던 부처님은 제자들을 둘러보시며

"내가 잠깐 다녀올 데가 생겼구나."

하시더니 자취를 감추셨습니다. 범천에 모습을 나타내신 것이었습니다.

세상이 자기 것이라고 뽐내던 브라흐마는 부처님의 큰 광명에 휩싸여 초라한 모습이 되어 있었습니다.

보고 있던 존자 아야교여, 마하가섭, 목건련, 아나율도 범천에 모였습니다.

네 사람의 부처님 제자가 나타나자 브라흐마는 더욱 기가 죽고 말았습니다. 세상에서 제일가는 지위는 자기가 아니라 부처님이라는 걸 깊이 깨달은 것이었습니다. 부처님이 먼저 말씀하셨습니다.

"브라흐마여, 잘못된 소견을 버리겠는가? 내 광명을 보고도 자기 모습과 지

어젯밤
강남 일번지 아파트가
땅속으로 와르르르~

위를 뽐내겠는가?"

"세존이시여, 저는 처음으로 이처럼 놀라운 광명을 보고 있습니다. 다시는 감히 망령된 생각을 하지 않겠습니다."

"범천도 중생의 일부다. 알겠는가."

"예, 알고 있습니다. 깊이 뉘우치고 있습니다."

브라흐마의 그 말에 기울던 왕궁이 바르게 섰습니다. 수만 길 깊이로 벌어졌던 땅이 아물어졌습니다.

(『한글대장경 2-2권』 별역잡아함경)

슬기로운 신하

프라세나지트 왕에게는 100살에 가까운 어머니가 있었습니다. 왕이 변방을 살피러 간 그 사이에 왕의 어머니가 세상을 떠났습니다.

우두머리 신하 불사밀(不奢蜜)이 왕대비의 장례를 준비하면서 궁리를 했습니다.

'효성이 지극하신 우리 대왕님께 이 급보를 그대로 알려서는 안 된다. 대왕은 어머니를 부르며 소리칠 것이며, 그 충격으로 음식을 전폐하고, 병을 얻어 대왕까지 세상을 떠나신다면 나라가 위태롭게 된다.'

불사밀은 아름다운 비단으로 상여를 만들어서 앞세우고, 수레 몇 대에 각각 5백 가지 보배를 실었습니다. 그리고 5백 마리 흰코끼리와 5백 마리의 말을 이끌고, 변방으로 왕을 찾아 나섰습니다.

변방 순회를 마치고 돌아오는 왕의 행렬과 만나게 되었습니다.

"대왕께서 순회를 무사히 마치고 돌아오시니 우리 백성의 행운입니다."

신하 불사밀은 왕을 반갑게 맞았습니다.

"불사밀 총리대신, 어머님은 건강하시오? 이 화려한 상여는 무엇이오?"

"어떤 바라문의 모친이 돌아가셔서 그 장례 행렬입니다. 그런데 대왕님, 그 바라문은 저승의 염라대왕을 만나서 저 5백 가지 보물이나, 5백 마리 코끼리나, 저 천리마 5백 필을 주고, 죽은 어머니를 살려낼 거라 합니다."

왕은 웃으며 말했습니다.

"어리석은 소리요. 죽음이란, 아무리 많은 보물, 코끼리, 천리마와도 바꿀 수 없소. 죽음은 누구에게나 있는 것이오."

불사밀은 죽음이 누구에게나 있는 것이라는 왕의 말을 잡았습니다.

"누구에게나 죽음이 있다면, 죽음을 그다지 슬퍼할 것은 아니겠습니다. 대왕님, 아십시오. 왕대비마마께서 세상을 떠나셨습니다."

"어머님이?"

"누구에게나 죽음이 있다 하지 않으셨습니까? 너무 슬퍼하지 마십시오."

프라세나지트 왕은 놀라서 어쩔 줄 모르면서도 불사밀의 충성이 고마웠습니다.

(『한글대장경 제8-1권』 증일아함 제18권 제26 사의단품)

아비지옥에서 만난 데바닷다

목건련은 아비지옥 허공을 날면서 소리쳤습니다.

"데바닷다는 어디 있는가? 부처님 심부름으로 목건련이 왔다!"

데바닷다가 이 목소리를 들었습니다.

그러나 데바닷다는 대답을 할 수 없었습니다. 뜨거운 쇠바퀴가 몸을 갈아부수고 있는 중이었기 때문입니다.

그러다가 뜨거운 쇠바퀴가 멈추었습니다. 몸뚱이가 이지러지고 피투성이가 된 죄인 데바닷다가 허공에 외쳤습니다.

허공을 날던 목건련이 금방 그 목소리를 알아들었습니다. 목건련은 데바닷다의 형틀 앞으로 날아내렸습니다.

"고생이 많소."

목건련의 인사에 데바닷다는 피투성이에 이지러진 몸이 부끄러웠습니다. 천하제일이라고 부처님 앞에서 날뛰던 지난 날의 자신이 부끄러웠지요.

"나는 친구의 형편을 알아보러 여기까지 왔소. 부처님도, 아란도 우리 도반 모두 친구 걱정을 하고 있지요. 우선 여기서 어떤 고생을 하는가를 알았으면 합니다."

데바닷다가 말했습니다. 뜨거운 쇠바퀴가 몸을 갈아서 조각을 낸다고 했습니다. 그러다가 살아나면, 쇠절구로 몸을 찧어서 부순다고 했습니다. 겨우 다시 살아나면 검은 코끼리가 몸을 밟아서 부숴 버린다고 했습니다.

"부처님이 아주 희망적인 말씀을 하셨어요. 지금부터라도 친구가 선업을 쌓으면 1대겁 뒤에는 아비지옥을 벗어날 것이며, 아귀와 축생을 거쳐서 사왕천에 태어날 거라 하셨어요. 선업을 계속 쌓으면 벽지불이

될 수도 있다 하셨습니다. 모든 건 자기가 하기에 달렸다
고 하셨어요."

"그래요? 그래요? 그래요? 그래요?……"

지옥에서 듣는 기쁜 소식에 데바닷다가 부서진 몸을
의지해서 일어서려 하는 것을 목건련이 말렸습니다.

"그렇다면, 그렇다면, 아비지옥 1대겁을 견디고, 아귀와
축생을 견디고, 나는 벽지불에 이를 것입니다. 열심히
열심히 부처님을 생각하고 부처님 법을 따르겠습니다.
그때에 만납시다."

데바닷다는 목건련의 손을 뿌리치고, 부서진 몸을 일
으켜 덩실덩실 춤을 추었습니다.

(『한글대장경 195』법원주림 22권 입도편)

아비지옥 1대겁+
아귀축생+쇠바퀴+쇠절구
등 등 견디면
벽지불이 코앞 이라네!

뻥꿎 베리바쑤

악마의 도를 배운 앙굴마라

사위성(슈라바스티)에 큰 도적이 나타나 성안이 발칵 뒤집어졌습니다. 앙굴마라라는 도적이었습니다.

"앙굴마라라는 도적이 사람을 죽여서 손가락을 잘라 모은대요. 그걸 꿰어서 목걸이를 만들어 걸고 다닌답니다."

제자들로부터 이야기를 들은 부처님이 앙굴마라를 구하러 나섰습니다. 과연 피묻은 옷에, 손가락을 잘라서 만든 목걸이를 건 도적이 있었습니다.

부처님은 뒤돌아서서 도적을 기원정사 쪽으로 이끌었습니다. 도적은 부처님을 해칠 생각으로 뒤를 따랐습니다. 그런데 아무리 빨리 달려도 천천히 걷는 부처님 걸음을 따를 수가 없었습니다.

기원정사에 이른 부처님은 앙굴마라를 향해서 말씀하셨습니다.

"잘 왔다. 비구여! 가없은 앙굴마라여!"

그 말씀 한마디에 앙굴의 흐트러진 머리털이 깨끗이 깎여지고, 스님의 법복이 절로 입혀졌습니다. 피 묻은 옷과 손가락을 잘라서 만든 목걸이는 온데간데 없었습니다.

"이제부터 너는 내 제자다."

부처님의 말씀에 앙굴마라는, 그 앞에 꿇어엎디어 울었습니다.

"부처님. 저같은 살인자도 부처님 제자가 될 수 있습니까? 부처님!"

부처님은 말씀이 조용했습니다.

"죄 지은 자도 내 제자가 될 수 있다. 그런데 어쩌다가 살인을 했지?"

"마니발타라를 스승으로 섬겼지요. 사람을 많이 죽여야 좋은 세상에 태어난다고 했습니다. 죽인 자의 손가락을 꿰어서 몸을 장식하라고 했습니다."

"삿된 스승에게 악마의 도를 배웠구나. 너는 백천 겁 동안 지옥고를 받을 죄를 지었다. 그러나 그런 죄도 잘만하면 사라지게 할 수 있다."

부처님 말씀은 앙굴마라를 기쁘게 했습니다.

(『한글대장경 제5권』앙굴계경)

잘도 참는 앙굴마라

사위나라 바사닉 (프라세나짓) 왕은 성안에 큰 도적이 날뛰고 있다는 소문을 듣고 군사를 거느리고 부처님께 왔습니다.

"부처님, 군사를 풀어 저 도적을 잡는 게 좋겠습니까?"

"대왕이여, 만일 그 도적 앙굴이 머리를 깎고 법복을 입고 굳은 마음으로 도를 닦는 중이라면 어쩌겠소?"

"스님이 되었다면 용서해야지요."

"앙굴은 벌써 도인이 되었소. 가서 만나보시오."

왕은 앙굴마라를 만나 그를 용서하고 도움을 주기로 했습니다.

어느 날 앙굴은 사위성 거리에 밥을 빌러 나섰습니다. 어느 장자의 집에 들렀더니 장자의 며느리가 산고를 겪고 있었습니다.

앙굴마라는 간절한 마음으로 축원을 했습니다.

"나는 부처님 제자 된 후에 깨끗하게 계행만 지켰다. 그 공덕의 힘으로 산모의 산고가 가시고 순산이 되기를……"

그러자 금방 산모의 고통이 멎고 아기가 태어났습니다. 앙굴이 도력을 얻은 것이었습니다. 그러나 세상에는 그를 도인으로 보는 사람이 적었습니다.

"저기 도적 앙굴이 가짜 승복을 입고 나타났다!"

사람들은 앙굴마라에게 돌을 던졌습니다. 몽둥이로 때리고 칼로 찌르기도 했습니다. 앙굴마라는 그들을 원망하지 않고 참았습니다.

그는 돌멩이에 맞고, 몽둥이에 맞고, 칼에 찔렸습니다. 머리가 깨지고 상처 투성이가 돼 기원정사로 돌아왔습니다.

부처님이 앙굴마라의 피를 닦아주며 이르셨습니다.

"잘도 참았구나. 착하다. 이처럼 참고 행하면 네가 가야 할 백천 겁 지옥이 차츰 무너진다."

(『한글대장경 제5권』앙굴계경)

훌쩍 도리천에

부처님이 제자들을 타이르셨습니다.

"신통력은 숨겨 두는 거다. 함부로 써서는 세상을 어지럽게 된다."

부처님이 신통을 금하셨습니다. 그러자 외도들이 좋은 기회를 얻게 되었다며 야단이었습니다. 빔비사라 왕이 부처님을 졸랐습니다. 할수없이 부처님은 이레 뒤 칠월 보름에 신통력을 보이기로 하셨습니다.

빔비사라 왕은 포고문을 써서 사람들에게 주었습니다.

포고문을 읽은 외도들은 성문 밖에 가서 암라나무를 베어버렸습니다.

"이제 암라나무는 없다. 암라나무 밑에서 신통을 행하다니 거짓말이야."

외도들이 떠들었습니다. 그래도 그날 그 자리에 부처님 신통력을 보려는 사람들이 모여들었습니다.

그때, 어떤 농부가 잘 익은 암라 하나를 왕에게 바치려고 가져가다가

"그렇다. 이렇게 크고 귀한 열매는 나라님보다 부처님께 드려야 한다." 하고 부처님께 올렸습니다.

신통력을 보이려고 오신 부처님은 그 자리에서 이 과일을 맛보신 뒤, 암라 씨를 발라 아란에게 주시면서 외도들이 암라나무를 자른 자리에 심도록 했습니다. 암라 씨는 금세 몇 개 뿌리가 나더니, 호미자루만한 싹이 텄습니다.

싹은 사람들이 보고 있는 사이에 쑥쑥 자랐습니다. 높이 스무 길이나 되는 암라나무로 자라, 쭉쭉 가지를 뻗었습니다.

곧 꽃이 피고 벌이 모여드는가 싶더니, 꽃이 지고 열매가 열려 주렁주렁 매달려 익었습니다. 바람이 불자 맛있는 열매가 후두둑 떨어졌습니다. 떨어진 암라 열매를 하나씩 주워 든 사람들은 환성을 올렸습니다.

암라의 기적을 행하신 다음, 부처님은 오른발을
우간다라산 꼭대기에 걸치셨습니다. 왼발로는
수미산 꼭대기를 딛고 훌쩍, 도리천에 오르셨습
니다.

"부처님이 하늘에 올라가셨다!"

사람들은 모두 놀라운 부처님 신통력을 이야
기하며 집으로 돌아갔습니다.

(『한글대장경 204권』 본생경 483화 '사라바 사슴의

전생이야기' 머리말)

이래도 괜찮을까요

　수행자 키사밧차는 스승의 허락을 받고, 쿤바바티나라의 수도에서
가까운 동산에 와서 수행을 하고 있었습니다.
　쿤바바티는 도를 모르는 나라였습니다. 이 나라 사람들은 수행자가
세상의 스승이라는 것을 알지 못했습니다. 그에 대한 예의를 알 리가 없
었지요.
　마음씨 나쁜 사람들이 키사밧차 수행자에게 침을 뱉고 칫솔을 던지
기도 했습니다. 그렇게 하면 행운이 온다는 말까지 했습니다.

왕에게 쫓겨난 신하가 키사밧차 수행자에게 침을 뱉고 칫솔을 던지고 했더니 다시 벼슬자리에 앉게 되었다고 했습니다.

그 때 쿤바바티나라의 국경에 적이 쳐들어 왔습니다. 단다카 왕이 군사를 거느리고 전쟁에 나가게 되었습니다. 어느 대신이 말했습니다.

"대왕님, 전쟁에 나가시면 이기고 돌아오셔야 합니다. 승리를 바라시려거든 동산에 머물고 있는 수행자에게 침을 뱉고 떠나십시오."

어리석은 왕은 명령을 내렸습니다.

"나와 같이 싸움터에 나가는 군사는 모두 저 수행자 얼굴에 침을 뱉아라. 크게 행운이 있을 것이다!"

그런 후 자신이 먼저 수행자에게 침을 뱉고 칫솔을 던졌습니다.

군사들도 왕을 따라 수행자에게 침을 뱉았습니다. 이것이 얼마나 큰 죄악인가를 몰랐던 거지요.

왕이 전쟁을 하러 떠난 뒤, 마음 착한 이 고장의 수령이 와서 키사밧차 수행자의 머리에서 칫솔을 치우고 몸을 씻어 주며 물었습니다.

"스님이시여. 죄송합니다. 수행자를 욕되게 하는 것은 죄가 큰 것으로 압니다. 저 우리 왕이 괜찮을까요?"

수행자가 대답했습니다.

"벗이여, 나는 수행자이기 때문에 조금도 기분 나쁘게 여기지 않습니다. 그러나 하늘의 왕 제석이 내려다보고 있었어요. 단다카 왕이 전쟁에서 돌아오면 온 나라가 황폐해질 것입니다. 당신은 빨리 도망가십시오."

그는 이 말을 듣고 놀라 떨면서 궁궐로 달려가 남아 있는 대신들에게 이 사실을 말했습니다. 그러나 아무도 그의 말을 믿어 주지 않았습니다.

할 수 없이 수령은 혼자 가족을 이끌고 이웃나라로 몸을 피했습니다.

키사밧차 수행자의 스승은 이 사실을 알고 어린 행자 두 사람을 수행자에게 보냈습니다. 그리고 침대모양의 수레에 수행자를 싣고 허공을 날아서 데리고 오게 했습니다.

단다카 왕은 전쟁을 이기고 많은 적을 사로잡아 가지고 수도로 돌아왔습니다.

"이건 모두 저 수행자에게 침을 뱉은 덕택이다."
하고 왕과 군사들은 기뻐하고 있었습니다.

그 때, 하늘에서 먼저 큰 비를 내려 쿤바바티나라의 더러운 것을 씻어낸 뒤, 그 위에 꽃비를 내렸습니다.

쿤바바티사람들은 전쟁을 이긴 그 위에 꽃비가 내리자 모두 기뻐했습니다. 꽃비 위에는 돈의 비가 내리고, 그 위에 황금의 비가 내렸습니다. 다시 그 위에는 구슬고리의 비가 내렸습니다. 좋은 일만 있을 것 같았지요.

그런데, 그 위에 무기의 비가 내리기 시작했습니다. 수많은 칼과 창과 화살이 내리꽂히었습니다.

다시 숯불의 비가 내리고, 불타는 큰 산이 무너져내려 그 위를 덮었습니다. 그 위에 60길 높이의 모래비가 내려 쌓였습니다.

이렇게 하여 쿤바바티나라는 자취가 없어지고 말았습니다. 수행자에게 침을 뱉은 죄갚음을 받은 것입니다.

(본생경 522번째 이야기 부분)

보시의 모험

"내 이름은 '보시'다. 남에게 베푼다는 뜻이지. 내 마음에는 자비심이 가득하다. 자라서 자선가가 될 거다."

꼬마 보시가 큰 원을 세우고 바다로 보물을 구하러 나섰습니다.

"이 지팡이를 갖고 가거라. 자비의 지팡이다. 그리고 이 바루를 갖고 가거라. 공덕의 바루다."

아버지는 말하고 지팡이와 바루를 들려 주었습니다.

꼬마 보시는 자비의 지팡이와 공덕의 바루를 지니고 바닷길을 떠났습니다. 수만 리 먼 바다에 은의 성, 금의 성, 진주의 성이 있다 합니다. 모두 하나의 섬으로 된 보배성입니다.

은의 성은 바닷길 1만 리에 있었습니다. 은의 성은 성벽도 성문도 성문 안의 누각도 집도 모두 은으로 되어 있었습니다. 그런데 기겁을 할 지경이었습니다. 우람한 성문에는 큰 독구렁이가 지키고 있었습니다. 여러 아름 되는 구렁이였습니다.

독구렁이는 길다란 꼬리로 성벽을 감고 있었습니다. 머리를 쳐들고 꿈틀거리더니, 두 눈과 입으로 불줄기 같은 독을 뿜어댔습니다.

보시는 놀라지 않았습니다.

그는 아버지가 주신 자비의 지팡이로 독구렁이 머리를 가볍게 세 번을 두드리며 외쳤습니다.

"자비의 힘을 이기는 자는 없다. 자비의 힘을 이기는 자는 없다!"

그러자 독구렁이가 토끼처럼 순해졌습니다.

은의 성 성주가 나와서 보시를 맞아들였습니다. 은빛 하늘 옷을 입은 하늘의 신이었습니다.

"얕보지 마세요. 나는 큰 원력이 있어요. 이 성에 지니고 있는 보배구슬을 얻으러 왔어요. 쓰지 않고 버려진 거나 다름없지요. 그것을 주세요."

보시는 자기의 뜻을 오랜 시간 설명했습니다.

"어린이의 뜻이 갸륵하군."

은의 성 성주는 보배구슬 하나를 보시가 가진 공덕 바루에 넣어 주었습니다.

"이 보배구슬의 빛은 둘레 40걸음을 비추는 거야. 구슬을 놓고 축원을 하면 40걸음 둘레의 바위와 돌멩이가 모두 은이 된다."

"고마워요, 성주님. 그런데 황금의 성은 어디죠?"

"여기서 물길로 2만 리다."

은의 성에서 보배구슬을 얻은 보시는 황금의 성을 향해 배를 저었습니다. 파도와의 싸움이 계속되었습니다. 마침내 황금으로 된 황금의 성에 이르렀습니다. 여기서도 여러 아름이나 됨직한 독구렁이가 성벽을 감고 지키고 있었습니다. 보시는 자비의 지팡이로 구렁이의 머리를 가볍게 세 번 두드렸습니다. 독구렁이는 금방 토끼처럼 순해졌습니다.

황금의 성 성주가 나왔습니다. 성주는 황금빛 옷을 입은 하늘의 신이었습니다.

보시는 같은 방법으로 황금의 성에서 황금의 보배구슬을 구했습니다. 이 보배구슬은 둘레 80걸음을 비추며, 그 둘레의 바위와 돌멩이를 모두 황금으로 변하게 합니다.

"고마워요. 성주님 그런데 진주의 성은 어디죠?"

"여기서 물길로 3만 리다."

보시는 진주의 성을 향해 배를 띄웠습니다. 파도와의 싸움이 계속되었습니다. 마침내 진주의 성에 이르렀습니다. 진주로 된 우람한 성문도 여러 아름이 되는 독구렁이가 성벽을 감고 있었습니다.

이러한 큰 독구렁이도 자비의 지팡이로 토끼처럼 순하게 했습니다. 보시의 이야기를 들은 성주는 진주구슬 하나를 공덕의 바구니에 넣어 주었습니다.

이 보배구슬의 빛은 둘레 120 걸음을 비추고 그 안에 있는 바위와 돌멩이가 모두 진주가 됩니다."

"고마워요 성주님."

은으로 된 은의 성과, 황금으로 된 황금의 성과, 진주로 된 진주의 성에서 보배구슬 하나씩을 얻은 보시는 다시 6만 리의 뱃길을 되돌아와 육지에 이르렀습니다.

그 동안 여러 해의 시간이 흘렀습니다. 열 살에 배를 띄웠던 보시는 인물 좋은 청년이 돼 돌아온 것입니다. 마음먹은 대로 보배구슬을 얻은 것도 크나큰 다행이었습니다.

"이만하면 크게 자선을 할 수 있다."

보시는 크게 기뻐했습니다.

그런데 바다의 신이 그냥 있지 않았습니다.

"바다의 보물을 육지에 빼앗기다니!"

바다의 신은 어떤 방법으로든지 보배구슬을 되찾아야겠다고 마음먹었습니다.

"살짝 속이는 수밖에 없지."

그는 어부로 모습을 바꾼 다음 보시에게 갔습니다.

"보시님. 그 오랜 모험 끝에 좋은 보배구슬을 구했다지요?

어떤 구슬인지 좀 보여 주실 수는 없을까요?"

보시는 아무 의심도 없이 공덕의 바루에 담긴 세 개의 구슬을 보여줬습니다.

바다의 신은 그만 구슬을 가지고 달아나고 말았습니다.

"나는 바다의 신이다. 바다의 보물을 육지에 줄 수는 없다. 그것은 바다의 영화를 육지에 주는 것이다. 바다가 그만큼 가난해지기는 싫다."

소리치면서 바다에 뛰어드는 이는 어부가 아닌 바다의 신이었습니다.

"멈추어라. 구슬을 돌려 달라! 돌려주지 않으면 바닷물을 말려 버리겠다!"

"안 될 소리! 이 넓은 바다를 어떻게 말려. 하늘의 해를 없앨 수 있어도 바다는 안 된다!"

보시는 공덕의 바루로 바닷물을 퍼내기 시작했습니다.

"이것은 자비의 힘으로 퍼내는 것이다. 자비의 힘은 크다. 이 생에서 다 퍼내지 못하면 다음 생에서까지 퍼내리라!"

그런데, 바닷물은 움썩움썩 줄어 들었습니다. 놀라운 일이었습니다. 참으로 놀라운 일이었습니다.

"우리의 영토가 줄어든다. 바다가 말라간다. 이것은 재난이다!"

적은 물에 오물오물 몰린 물고기와 거북과 수중 동물들이 소리쳤습니다.

바닷물이 4분의 1로 줄었을 때, 바다의 신이 온갖 보물을 가지고 달려왔습니다.

"이것을 줄 테니 제발 그만 그쳐요. 우리들 거처가 말라 버려요!"

"거기에 그 세 개의 구슬이 있는가?"

조사해 보니 바다의 신이 가지고 간 구슬은 없었습니다.

"안 된다. 그 보배구슬을 달라!"

바닷물이 5분의 1만 남았을 때 바다의 신은 진짜 구슬을 가지고 달려왔습니다. 구슬이 공덕의 바루에 놓이자 바다에는 바닷물이 다시 출렁이었습니다.

집으로 돌아간 보시는 자선의 집을 크게 짓고 보시를 행하였습니다.

(육도집경 제1장 보시도무극장)

누구나 다 알지만 잘 안읽은 이야기

팔만대장경 ❾

펴낸 곳 | 도서출판 솔바람

펴낸이 | 이동출

기획한이 | 형난옥

엮은이 | 신현득

그림그린이 | 송교성

편집 | 김용란

디자인 | 김보미

초판 1쇄 인쇄 | 2025년 11월 1일

초판 1쇄 발행 | 2025년 11월 8일

등록일 | 제5-191호 1989.07.04

주소 | 서울시 종로구 삼봉로 81 두산위브 파빌리온 1231호

전화 | 02- 720- 0824 팩스 | 02- 391- 1598

ISBN 978-89-85760-12-6
ISBN 978-89-85760-90-4   74220 (세트)